BEI GRIN MACHT SICH IHR WISSEN BEZAHLT

- Wir veröffentlichen Ihre Hausarbeit, Bachelor- und Masterarbeit

- Ihr eigenes eBook und Buch - weltweit in allen wichtigen Shops

- Verdienen Sie an jedem Verkauf

Jetzt bei www.GRIN.com hochladen und kostenlos publizieren

Bibliografische Information der Deutschen Nationalbibliothek:

Die Deutsche Bibliothek verzeichnet diese Publikation in der Deutschen National-bibliografie; detaillierte bibliografische Daten sind im Internet über http://dnb.d-nb.de/ abrufbar.

Impressum:

Copyright © 2004 GRIN Verlag, Open Publishing GmbH
Druck und Bindung: Books on Demand GmbH, Norderstedt Germany
ISBN: 9783638919449

Dieses Buch bei GRIN:

http://www.grin.com/de/e-book/23853/geometrische-elemente-rechnergestuetzt-manipulieren-kopieren-drehen

Daniel Diers

Geometrische Elemente rechnergestützt manipulieren (kopieren, drehen, spiegeln) (Unterweisung Technischer Zeichner / -in)

GRIN Verlag

GRIN - Your knowledge has value

Der GRIN Verlag publiziert seit 1998 wissenschaftliche Arbeiten von Studenten, Hochschullehrern und anderen Akademikern als eBook und gedrucktes Buch. Die Verlagswebsite www.grin.com ist die ideale Plattform zur Veröffentlichung von Hausarbeiten, Abschlussarbeiten, wissenschaftlichen Aufsätzen, Dissertationen und Fachbüchern.

Besuchen Sie uns im Internet:

http://www.grin.com/

http://www.facebook.com/grincom

http://www.twitter.com/grin_com

Unterweisung

zur

Ausbildereignungsprüfung

Thema der Unterweisung:

Geometrische Elemente rechnergestützt
manipulieren (kopieren, drehen, spiegeln)

Vorgelegt von:

Daniel Diers

Tag der Unterweisung: 08.03.2004

Hiermit bestätige ich, dass ich diesen Unterweisungsentwurf selbstständig
erstellt habe:

_____

Daniel Diers

Inhaltsangabe:

1. Adressatenanalyse:

Die Auszubildende zur Technischen Zeichnerin der Fachrichtung Maschinen-
und Anlagenbau hat den Realschulabschluss erfolgreich abgelegt und ist 17
Jahre alt. Sie ist im 2. Ausbildungsjahr und hat schon wenige Informationen zum
Thema des rechnergestützten Zeichnens in ihrer Freizeit gesammelt.
Der Ausbilder ist schon einige Jahre für die Ausbildung der Technischen
Zeichner verantwortlich. Auszubildende und Ausbildender sind sich bereits
bekannt und sind „per Du".
Die Auszubildende hat bis jetzt sehr gute Leistungen bei den bisher behandelten
Themen gezeigt und ist stets motiviert, neues zu lernen. Außerdem ist ihr
soziales Verhalten vorbildlich.
Sie ist ein visueller Lerntyp.
Besonders aufgefallen sind bis jetzt ihre guten Kenntnisse im Umgang mit
einem Computer im Allgemeinen.

2. Didaktische Analyse:

Das Unterweisungsthema „Geometrische Elemente rechnergestützt
manipulieren (kopieren, drehen, spiegeln)" findet sich im
Ausbildungsrahmenplan (ARP) unter der Nummer 13 a) wieder. Das hier
behandelte Thema ist der Einstieg in das Zeichnen und konstruieren des
Technischen Zeichners am Computer. Es ist folglich für die Ausbildung ein
einleitendes Thema zu einer sehr wichtigen Aufgabe in dem Berufsfeld.
Vorraussetzung für diese Aufgabe ist die Beherrschung der Zeichnung von
einfachen Grundkonstruktionen (ARP-Nr. 13 a)). Diese Grundfertigkeiten
wurden in einer vorherigen Unterweisung gelehrt.
Die bei dieser Belehrung durchgeführten rechnergestützten Manipulationen von
Zeichnungsteilen sind der zweite Teil. Es werden Zeichnungsteile kopiert,
gedreht und gespiegelt. In dem dritten noch folgenden Teil werden die Teile
noch positioniert, bewegt, skaliert und getrimmt.
Dieses Thema wird im Rahmenlehrplan (RLP) der Berufsschule zu Beginn des
1. Lehrjahres behandelt und wird unter der Nummer 1.3 geführt.
Die Unterweisung wird mittels der Vier-Stufen-Methode durchgeführt und
dauert ca. 20 Minuten.

3. Methodische Analyse:

Nach dem theoretischen Unterricht bezüglich dieses Themas im Berufsschulunterricht zu Beginn des 1. Lehrjahres folgt nun in dieser Unterweisung die praktische Ausführung des Themas. Das Manipulieren von geometrischen Grundkörpern ist im Ausbildungsverlaufsplan erhalten und muss später sicher von den Technischen Zeichnern beherrscht werden

4. Lernziele:

4.1 Richtlernziel:

Das Richtlernziel ist es, Grundkenntnisse im rechnergestützten Umgang mit geometrischen Elementen zu erlangen.

4.2 Groblernziel:

Das Groblernziel ist es, einfache geometrische Elemente am Computer zu manipulieren.

4.3 Feinlernziel:

Das Feinlernziel ist es, Kenntnisse im rechnergestützten Manipulieren von geometrischen Elementen in Form von kopieren, drehen und spiegeln zu gewinnen.
Zum Ende ist die Auszubildende selbstständig in der Lage, Elemente rechnergestützt in Form von Drehungen, Kopien und Spiegelungen zu manipulieren.
Das Lernziel ist erreicht, wenn die Bearbeitung der geometrischen Elemente am Ende schnell und sicher erfolgt.

5. Geplanter Unterweisungsverlauf:

Der Ausbilder bereitet seine Unterweisung gewissenhaft vor.
Er legt alle benötigten Unterweisungshilfsmittel auf den Tisch und überprüft die
Funktionsbereitschaft des Laptops und der Software.

Die Vier-Stufen-Methode:

Die Auszubildende soll über die Vier-Stufen-Methode ihr Ziel erreichen. Sie
soll durch die praktische Anwendung der Theorie und das Nachmachen des
Gezeigten vom Ausbilder später selbstständig das Manipulieren von
geometrischen Elementen durchführen können.

5.1 Stufe 1: „Das Vorbereiten":

Pädagogisches Prinzip: Ziele und den zu unterrichtenden Stoff verdeutlichen

Die Unterweisung findet im Computerraum der Technischen Zeichner der Firma
Hella KG Hueck & Co. statt. Es wird ein Computer mit der Software AutoCAD
2002 vom Ausbilder bereitgestellt und die Funktion zuvor überprüft. Außerdem
wird das benötigte Programm mit der Übungsdatei gestartet. Der Ausbilder
muss sich gut vorbereitet und die Unterrichtseinheit in didaktisch sinnvolle
Abschnitte gegliedert haben. Wichtig ist, dass die Auszubildende motiviert wird,
indem die Aufgaben sie weder unter- noch überfordern, da sonst evtl. die
Konzentration oder die Aufmerksamkeit verloren geht.
Der Ausbilder begrüßt die Auszubildende freundlich zu Beginn der
Unterweisung. Durch die Stellung von sachfremden Fragen von Seiten des
Ausbilders wird die Situation aufgelockert. In einer Wiederholung knüpft er
fragend-entwickelnd an das Ergebnis der letzten Unterweisung an (vom
Bekannten zum Unbekannten). Der Auszubildenden wird die Thematik und ihre
Aufgabe dargelegt. Außerdem wird der Kenntnisstand hinterfragt und
anerkennend gelobt. Der Unterrichtende stellt das Lernziel in einen
organisatorischen Zusammenhang und erläutert den Sinn der Arbeit. Falls nötig
werden noch einige kleine Grundfunktionen der Software aufgezeigt. Fragend
entwickelnd leitet der Ausbilder in die Stufe 2 über.

5.2 Stufe 2: „Das Vorführen":

Pädagogisches Prinzip: anschaulich und in didaktisch klugen Lernschritten arbeiten

Da sinnvoller Weise nach dem Prinzip „vom Bekannten zum Unbekannten" vorgegangen wird, beginnt der Ausbilder mit einer Anknüpfung an das Wissen vom Werkunterricht, in welchem das Thema zu Beginn des 1. Lehrjahres angewandt wurde. Nun führt der Ausbilder der Auszubildenden die Arbeit schrittweise vor und erklärt, warum sie gerade so durchgeführt werden muss. Es ist von besonderer Bedeutung, dass die Auszubildende gut platziert ist, und freien Blick auf den Monitor und die Tastatur hat, um alle Arbeitsschritte exakt beobachten zu können. Es ist darauf zu achten, dass die Auszubildende bei den einzelnen Lernschritten weder unter- noch überfordert wird.
Der Ausbilder sollte sicher zu jedem Teil fragen:
Was soll in diesem Schritt gezeigt werden?
Wie zeige ich es am besten?
Warum soll es gerade so getan werden?
Nach jedem Lernschritt werden der Auszubildenden Kontrollfragen gestellt, um zu überprüfen, ob der Lernstoff verinnerlicht wurde. Es wird die fragend-entwickelnde Methode angewandt.

5.3 Stufe 3: „Das Nachmachen und Erklären lassen durch die Auszubildende":

Pädagogisches Prinzip: selbstständiges Arbeiten

Sinn dieser Stufe ist es, dass die Auszubildende das vom Ausbilder vorgemachte und erklärte selbstständig nachmacht und nachvollzieht. Sie sollte, muss aber nicht, die Ausführung der Aufgabe kommentieren. Fragen der Auszubildenden sind jederzeit willkommen. Der Ausbilder beobachtet die Arbeit und gibt, falls grobe Fehler auftreten, Hilfestellung. Im Vordergrund steht das sichere beherrschen der Aufgabe durch die Praxisnähe, aber auch die Erkennung von Fehlern und dessen Korrektur von Seiten des Ausbilders. Wichtig ist, dass die Auszubildende gelobt wird, um sie weiter zu motivieren. Ist eine gewisse Sicherheit zu erkennen, darf sie die Aufgabe selbstständig ohne den Ausbilder durchführen.

5.4 Stufe 4: „Das selbstständige Üben mit Kontrolle und Transfer":

<u>Pädagogisches Prinzip:</u> den Erfolg sichern und auf lebensnahe Aufgaben
transferieren

Der Ausbilder stellt der Auszubildenden nun noch einmal die Aufgabe,
geometrische Elemente am Computer zu drehen, zu spiegeln und zu kopieren,
um sie selbstständig üben zu lassen. Außerdem wird noch einmal das Lernziel
erläutert. Der Ausbilder selber hält sich dabei nur noch im Hintergrund auf, um
für evtl. Fragen der Auszubildenden während der Übung parat zu stehen.
Nach Beendigung der Aufgabe wird eine Lernzielkontrolle durchgeführt. Der
Ausbilder bestätigt schließlich das Erreichen des Lernzieles und lobt die
Auszubildende anerkennend.
Wird das Lernziel nicht erreicht, stellt der Ausbilder eine weitere Übung und
bespricht mit der Auszubildenden, welche Probleme vorlagen.
Zum Ende wird noch kurz auf die nächste Unterweisung hingewiesen, in
welcher das Thema weiter behandelt wird.

5.5 Arbeitszeitgliederung:

Unterweisungsschritt:	Inhalt:	Ziel:	Zeit:
Begrüßung und Vorstellung	Der Ausbilder begrüßt die Auszubildende freundlich. Beide stellen sich vor.	Schaffung eines Vertrauensverhältnisses, Abbau von Hemmungen und Ängsten	ca. 45 sec
Vorstellung des Unterweisungsthemas	Vorstellen der Arbeit der Manipulation von geometrischen Grundkörpern und erfragen der Vorkenntnisse.	Interesse wecken und motivieren	ca. 30 sec
Vormachen	Vormachen der Manipulation anhand von Beispielen der Drehung, Kopie und Spiegelung und gleichzeitiges erläutern. Die Auszubildende schaut aufmerksam zu.	Verinnerlichen der einzelnen Lernschritte der Manipulation der geometrischen Elemente.	ca. 4 min
Nachmachen und Erklären	Die Auszubildende führt die Manipulationen selbstständig durch und fragt den Ausbilder, wenn sie etwas nicht versteht. Der Ausbilder korrigiert evtl. auftretende Fehler	Anwendung der vorgemachten und erlernten Fähigkeiten. Weitere Motivation der Auszubildenden hervorrufen.	ca. 6 min
Selbstständiges Üben	Die Auszubildende führt selbstständig eine Manipulation der geometrischen Elemente durch. Der Ausbilder hält sich nur im Hintergrund auf und fungiert bei auftretenden Problemen als Ansprechpartner.	Erlangen von Sicherheit.	ca. 6 min
Kontrolle affektiv	Durch Beobachten Arbeitseifer erkennen.	Feststellen, ob die Auszubildende dem Thema der Manipulation von geometrischen Elementen aufgeschlossen ist oder ob es weiterer Motivation bedarf.	ca. 20 sec
Kontrolle kognitiv	Die Auszubildende soll selber manipulieren und bei auftretenden Problemen und Fehlern	Kontrolle, ob die Auszubildende das Thema verstanden hat.	ca. 2 min

	selber die Aufklärung einleiten.		
Fragen beantworten	Die Auszubildende hat die Möglichkeit, Fragen an den Ausbilder zu stellen.	Verständnisprobleme klären, Horizont erweitern	?
Verabschiedung	Der Auszubildenden für die Mitarbeit danken und für die geleistete Arbeit loben. Verabschiedung und Verweisung auf die nachfolgende Unterweisung.	Schaffung eines positiven Abschlusses, um die Auszubildende zur Weiterarbeit zu begeistern.	ca. 40 sec

6. Schlüsselqualifikation:

6.1 Fachkompetenz:

Die Auszubildende erhält durch die Unterweisung das Wissen, welches zum rechnergestützten Manipulieren von geometrischen Elementen zwingend notwendig ist. Sie kann die Elemente drehen, spiegeln und kopieren. Sie ist in der Lage, dies selbstständig durchzuführen.

6.2 Methodenkompetenz:

Die Auszubildende besitzt nach der erfolgreichen Unterweisung das Wissen, welche Schritte sie folgerichtig bei der Manipulation der Elemente durchführen muss. Außerdem kann sie das Wissen auch auf andere Zeichnungen und Elemente transferieren und selbstständig durchführen.

6.3 Sozialkompetenz:

Die Auszubildende ist nun in der Lage, die in den Abteilungen arbeitenden Technischen Zeichnern bei ihrer Arbeit in Form von Manipulationen von geometrischen Körpern hilfreich zu unterstützen.